AF243052

MÉMOIRE

ADRESSÉ

A M. LE PRÉFET DE LA HAUTE-MARNE

PAR

L'ARCHITECTE DU DÉPARTEMENT

EN RÉPONSE

A LA MESURE QUI A ÉTÉ PRISE A SON ÉGARD

PAR LA

SOCIÉTÉ DES ARCHITECTES

CHAUMONT

IMPRIMERIE TYPOGRAPHIQUE ET LITHOGRAPHIQUE DE VEUVE MIOT DADANT

1868

A MONSIEUR LE PRÉFET

DU DÉPARTEMENT DE LA HAUTE-MARNE

Monsieur le Préfet,

En 1864, je parvins, après quelques efforts, à créer la Société des Architectes de la Haute-Marne.

J'espérais ainsi faire naître et entretenir chez mes collègues ces sentiments de bonne confraternité qui valent à une profession honneur et considération.

Pour atteindre plus sûrement au but que je me proposais, à l'égard de mes confrères, je fis soigneusement abstraction de ma qualité d'architecte départemental, qualité dont je suis honoré depuis vingt ans. Avec eux, je n'étais et ne voulais être qu'un collègue.

Tous les travaux auxquels s'est livrée cette Société depuis sa création sont dus à mon initiative.

Néanmoins, je m'aperçus bientôt que, pour beaucoup, j'étais un objet d'envie et de jalousie, et que ma présence au milieu de cette société que je considérais comme mon œuvre, était un élément permanent de discorde. Le 2 février ne pouvait plus me laisser aucun doute à cet égard.

En effet, Monsieur le Préfet, à cette réunion extraordinaire pour laquelle nous avions été convoqués, dès le 21 janvier, M. le Président nous communiqua trois documents dont deux me concernaient : c'étaient des dénonciations, derrière lesquelles je reconnus avec peine l'intervention de certains de mes collègues.

Ces dénonciations odieuses me révoltèrent ; néanmoins je donnai des explications et produisis quelques documents que j'étais allé chercher en toute hâte dans mon cabinet ; puis j'insistai pour que ces pièces me fussent communiquées, ou tout au moins que l'on m'en donnât une copie.

J'éprouvai un refus ; la Société s'ajourna au 16 du même mois, et dans cette seconde réunion, pour laquelle j'avais adressé à M. le Président un mémoire explicatif, on prononça, en mon absence, mais en présence de deux membres intéressés, mon exclusion de la Société.

Dès que je connus cette décision, qui ne me surprit pas, j'allai trouver le Président pour obtenir de lui copie des dénonciations en question et de la délibération par laquelle la Société m'excluait de son sein ; je voulais en appeler directement à la justice ; j'essuyai encore un refus ; enfin je lui écrivis à la date du 5 mars, pour le même motif, et ma lettre resta sans réponse.

Ne pouvant obtenir des documents que l'on me refusa obstinément sous le spécieux prétexte qu'ils doivent rester secrets, bien qu'on y ait donné toute la publicité possible, je viens, Monsieur le Préfet, confiant dans l'excellence de ma cause et dans votre incessante justice, vous exposer sincèrement les faits qui m'on valu un procédé que je m'abstiens de qualifier : ma conscience, l'importance que j'attache à votre estime ne me permettent pas de rester davantage sous le poids de ces odieuses accusations, tout en regrettant que des refus obstinés me mettent dans l'obligation de ne consulter que mes souvenirs.

La première des dénonciations, dont il a été donné lecture à la réunion du 2 février, est signée par un M. Guilbert, artiste peintre à Paris, et les faits qu'elle articule sont certifiés et affirmés par M. Amédée Bourdon, son mandataire, adjoint de la ville de Saint-Dizier ;

La seconde est signée de M. Antoine Chilot, charpentier à Saint-Dizier, et si ma mémoire me sert bien, je crois que cette pièce est légalisée par M. le Maire de cette ville.

Toutes deux ont été soutenues, discutées et affirmées par deux collègues, M. Fisbacq, et son employé, M. Collin.

La dénonciation Guilbert est motivée par une mission d'arbitre qui m'a été confiée dans les circonstances que je vais avoir l'honneur de vous expliquer.

En 1864, la ville de Saint-Dizier fit dresser, par son architecte, des plans et devis pour approprier une salle de spectacle dans une partie des halles ; la dépense s'élevait à 11,999 fr. 60. Ces travaux furent confiés à M. Guilbert, qui sous-traita, sous les auspices et par l'intermédiaire de M. Fisbacq, à divers ouvriers de la localité, tous les ouvrages qu'il ne pouvait exécuter par lui-même.

Dans le cours des travaux, des paiements furent effectués aux sous-traitants par l'architecte, un devis supplémentaire fut dressé, puis un décompte et un procès-verbal de réception définitive acceptés par l'entrepreneur.

Mais l'un d'entre eux, le sieur Maxe, menuisier, refusa d'accepter le compte que lui présenta l'architecte ; il prétendit qu'il avait fait des travaux pour une plus forte somme que elle qui lui était accordée par le décompte, et il réclama,

La prétention de cet ouvrier fut accueillie par l'architecte de la ville, qui rédigea lui-même et fit adresser à M. le Maire et à MM. les Membres du Conseil municipal de Saint-Dizier, une demande par laquelle Maxe déclare « *qu'il a perdu, sur l'exécution de ses travaux, une somme de* 1400 *francs,* » dont il donne le détail, et que, « *malgré cette perte, il prie qu'on lui alloue à titre d'indemnité la somme de* 963 *fr.* 65. »

Cette demande ne fut point accueillie ; Maxe ne s'en tint pas là, et par deux exploits des 8 avril et 19 août 1867, il fit assigner Guilbert devant le tribunal de commerce pour avoir paiement de 1758 fr. 18 qui lui restaient dus tant pour travaux faits en augmentation, que pour le dixième de garantie qui ne lui était pas encore payé.

C'est alors qu'un arbitrage fut accepté de part et d'autre, et que, par un compromis à la date du 23 septembre 1867, signé par M⁰ Bourdon, avocat, agissant au nom de M. Guilbert, et M. Maxe, assisté de M⁰ Poullain, je fus nommé arbitre-amiable-compositeur, à l'effet de vérifier les travaux de menuiserie exécutés par Maxe, et d'en arrêter définitivement le montant total, d'après les conventions des parties, etc.

Les pouvoirs donnés par ce compromis furent prorogés, à la date du 2 décembre, jusqu'au 15 janvier 1868.

Après trois rendez-vous donnés pour le 27 septembre, 5 et 19 octobre, et tous contremandés à cause de l'absence des conseils des parties, ce n'est que le 2 novembre que je pus enfin en obtenir un quatrième.

Dans cette réunion, on me fit connaître l'objet de ma mission ; on me remit le compromis, et M⁰ Bourdon, en sa qualité d'adjoint, me fit donner les plans, devis, décompte et réception qui étaient déposés à la mairie ; il facilita mon opération par tous les renseignements utiles qu'il put me fournir.

Mais une pièce importante me manquait, c'était le marché fait avec les sous-traitants, en vertu duquel je devais opérer ; je le demandai, et M⁰ Bourdon me répondit que M. Fisbacq devait l'avoir, mais qu'étant à Paris, je ne pourrais l'obtenir.

Je fus contrarié de ce contre-temps, car outre ce document que je désirais et que je devais connaître, j'avais encore bien des renseignements à demander à M. Fisbacq, puisque les travaux qui faisaient l'objet de mon intervention avaient été exécutés sous sa direction.

Néanmoins, je procédai à une vérification complète avec l'aide de Maxe, qui me remit un mémoire bien établi et que je suivis article par article.

Le 9 suivant, je reçus de mon collègue une lettre par laquelle il m'explique qu'il n'est point étranger à ma nomination d'arbitre entre Maxe et Guilbert, « *dont il représente* « *les intérêts à double titre ;* » et en quoi consiste l'arbitrage à faire, etc., etc., et il me demanda quelques heures d'explication.

J'adhérai à cette demande ; j'allai à Saint-Dizier, et nous eûmes, en effet, quelques explications qui me furent utiles ; mais il ne put retrouver *le traité sur timbre qu'il avait fait avec les sous-traitants, sans leur en donner un double.*

Je rédigeai, malgré cela, une sentence que j'envoyai à M⁰ Poullain, comme cela avait été convenu, sur la demande des parties intéressées et pour faire acte de complaisance envers mon collègue.

Cette pièce, qui établissait Maxe créancier de Guilbert

d'une somme de 1,589 fr. 35 c., fut confiée à M⁰ Bourdon, mandataire de ce dernier, en vue d'examen et pour éviter des frais d'enregistrement et de dépôt.

Voyant approcher le délai fixé par la loi pour faire le dépôt, M⁰ Poullain réclama avec instance la sentence, et il fut obligé, pour en obtenir la remise, de faire signifier une sommation à son collègue, qui répondit qu'il l'avait « remise à « M. Fisbacq, *mandataire de M. Guilbert*, et que c'était à « lui qu'on devait adresser ladite réclamation. »

La sentence fut cependant remise à M⁰ Poullain, et mon collègue m'écrivit que, représentant les intérêts de Guilbert, il avait des observations à me faire; un nouveau rendez-vous fut pris; des explications longues et complètes, portant sur chacun des articles, me furent données en présence de Maxe, dans le cabinet de M. Fisbacq; j'en pris note avec soin, je révisai et modifiai mon premier travail, et je me disposais à le déposer, lorsque je reçus une sommation à la requête de Guilbert, où il est dit « qu'attendu que, sans « avoir entendu le requérant, *ou son mandataire*, j'ai com- « muniqué un projet de sentence, dans lequel je ne tiens « aucun compte des *marchés et devis* intervenus entre « elles, etc., etc., le sieur Guilbert entend révoquer les pou- « voirs qui m'ont été donnés par le compromis, etc. »

Huit jours après, je recevais une autre sommation à la requête de Maxe, dans laquelle il m'est signifié « de n'avoir « aucun égard à l'acte judiciaire qui m'a été dénoncé par « Guilbert; qu'au contraire, il me fait sommation d'avoir à « déposer, avant le 15 janvier, au greffe du tribunal de com- « merce, ma sentence arbitrale, etc., etc. »

En présence de ces deux dénonciations, que devais-je faire? Ma conduite, je crois, était toute tracée : j'avais acce té une mission ; mon devoir était de la remplir, et d'ailleurs pouvais-je l'abandonner, en présence des articles 1008 et 1014 du code Napoléon, qui contiennent ces dispositions :

« *Pendant le délai de l'arbitrage, les arbitres ne* « *pourront être révoqués que du consentement des par-* « *ties. —* Et « *les arbitres ne pourront se déporter, si* « *leurs opérations sont commencées.* »

Tout, en un mot, me faisait un devoir, une loi, de ne pas abandonner la mission que j'avais acceptée, quoique déjà je prévisse les tracasseries qui me seraient faites, car M. Bourdon ne m'avait pas laissé ignorer que Fisbacq en appellerait à la Société des Architectes, si le résultat de ma sentence ne satisfaisait pas les intérêts de son client.

Je continuai donc mon travail et je rendis une sentence qui a été, comme sont tous mes actes, inspirée par ma conscience et par le sentiment du devoir.

Cette sentence rectifiée réduisit la somme redue par Guilbert à 1,162 fr. 89 c. ; deux tiers des prix furent mis à la charge de ce dernier, et l'autre tiers à la charge de son adversaire. Mais ce chiffre de 1,162 fr. 89 c. était bien différent du compte que M. Fisbacq m'avait remis le 2 décembre, d'après lequel il n'allouait à Maxe que 297 fr. 71 cent. ; aussi fut-il loin d'être satisfait.

Ma sentence envoyée à Me Poullain, pour être déposée, fut remise à l'huissier Roger qui, par une lettre chargée, mit aussitôt MM. Guilbert et Bourdon, son mandataire, en demeure d'avoir à en prendre connaissance, sans déplacement, dans son étude, dans un délai de..., passé lequel le dépôt en serait effectué au greffe.

C'est alors que MM. Bourdon et Fisbacq allèrent trouver Maxe, et à force de menaces de se pourvoir contre cette sentence, etc., et connaissant son besoin d'argent, l'amenèrent à accepter une transaction par laquelle il lui fut alloué une somme à forfait de 900 fr., à la charge par Guilbert de payer la totalité des frais du procès. Trois cents francs lui furent comptés en argent par M. Fisbacq, *qui écrivit la transaction,* et le surplus fut réglé par deux billets souscrits par Mme Emma Fisbacq, à échéance du 15 du mois de mars. Les frais sont encore à payer.

Puis alors la menace de M. Bourdon, confirmée à mon fils par mon collègue, se réalisa; je fus dénoncé à la Société des Architectes et accusé, autant que je puis me le rappeler :

1° D'avoir évité de rencontrer, ou d'avoir profité de l'absence de mon collègue, pour remplir la mission qui m'était confiée ;

2° De ne pas avoir eu égard aux prix des devis et aux conventions des parties pour régler les travaux supplémentaires réclamés par Maxe, etc.

Et puisque j'ai promis d'être vrai et sincère, j'ajouterai ce troisième grief : d'avoir reçu ou d'être soupçonné avoir reçu de l'argent de Maxe, pour mieux servir ses intérêts.

Et on conclut à ce que la Société décide : 1° que je sois condamné à remettre à la ville de Saint-Dizier une somme de huit cents et quelques francs que Guilbert a versés de trop à Maxe et qu'il se propose sans doute de réclamer à la ville ; 2° à perdre tous droits au paiement de mes honoraires et au remboursement de mes frais; 3° enfin, à être exclu de la Société.

Je terminerai sur ce premier point en rapprochant les chiffres que j'ai indiqués dans le cours de ces explications, et en donnant l'extrait de deux lettres qui m'ont été adres-

sées et communiquées à la Société lors de la réunion du
16 février.

1° La réclamation de Maxe était de.......... 1758' 89
2° Ma sentence condamne Guilbert
    à lui payer................. 1162' 89 }
    Plus les 2/3 des frais, soit...... 229 14 } 1398 03
3° Son mandataire a payé à Maxe.. 900 00 }
    Plus la totalité des frais, soit... 343 70 } 1243 70

La différence entre les deux sommes n'est donc
que de............................... 144 39

Extrait de la lettre de M. Guilbert, du 7 février 1868.

« Monsieur,

« Je n'ai jamais dit que vous aviez reçu de l'argent de
Maxe ; les expressions que j'ai employées, dans ma pensée
et dans mes intentions, n'impliquent nullement ce fait. Au
reste, la difficulté ne porte pas sur ce point, et je consens
même volontiers à retrancher cette phrase de ma plainte.

« Une chose bien certaine, c'est que par le fait de votre
sentence, je vais perdre une somme qui ne sera pas infé-
rieure à 900 francs, à moins que le conseil municipal de
Saint-Dizier ne reconnaisse que je suis victime et ne m'alloue
cette somme en dehors du devis.

« A qui donc dois-je m'en prendre ? J'ai adressé à M. Fisbacq des reproches extrêmement vifs, le considérant, par la
manière dont il a établi son décompte, comme étant en
grande partie cause de ce qui m'arrive, et je ne puis m'en
prendre qu'à vous ou à lui. etc. »

Extrait de la lettre de M. Maxe, du 15 février 1868.

« Monsieur,

« J'ai appris ces jours derniers que M. Guilbert se serait
permis de porter, tant contre vous que contre moi, une accusation des plus graves, ce serait de vous avoir fait accepter
une somme d'argent pour vous rendre plus favorable à mes
intérêts dans mon procès. Je proteste de toute mon énergie
contre cette accusation et je suis décidé à en exiger la rétrac-
tation, même en justice, si vous êtes dans les mêmes intentions que moi, et si je puis obtenir la copie de la dénonciation qu'il aurait faite au président de la réunion des Architectes.

« Tâchez, je vous prie, d'obtenir cette pièce et de me
l'adresser. Je comprends d'autant moins cette conduite de
M. Guilbert, que vous avez mis dans cette affaire les soins
les plus minutieux et même la plus grande complaisance
pour mon adversaire; je vous rends cette justice, bien que
vous ne m'ayiez pas accordé tout ce que je réclamais et qui
m'était dû bien légitimement, ainsi que vous l'auriez vu certainement si l'on ne vous avait pas dissimulé le traité, qui
malheureusement pour moi n'avait pas été fait double.

« Je n'ai pas eu de bonheur dans cette affaire depuis le
commencement jusqu'à la fin, car j'ai encore été obligé de
transiger pour éviter de nouvelles difficultés, dont on *me
menaçait, et par besoin d'argent,* etc. »

La conclusion qui découle naturellement de ces chiffres
et de ces documents, est assez éloquente pour repousser et
mettre à néant l'odieuse accusation portée contre moi.

Et si on compare le chiffre de la réclamation adressée par
Maxe au conseil municipal de Saint-Dizier, sous les auspices

de M. Fisbacq, on est amené à se demander comment il se fait qu'à une époque antérieure au procès, l'architecte de la ville intervint pour faire obtenir à Maxe une indemnité qu'il a *fixée lui-même, de sa propre main*, à 963 fr. 65, et que pendant l'arbitrage, il ne lui accordait plus que 297 fr. 71 ?

Et si le conseil municipal de Saint-Dizier eût accueilli favorablement cette demande, que serait-il advenu ?

C'est que la ville aurait eu à payer une somme de 963 fr. 65 c., réduite plus tard, par son architecte, à moins de 300 fr.

Et si M. Fisbacq, qui après tout et dans toute cette affaire, efface complètement l'entrepreneur Guilbert, eût été persuadé, convaincu, et à même de prouver que la somme redue à Maxe ne devait pas s'élever à plus de 297 fr. 71, ou à quelque chose près, pourquoi lui a-t-il offert et fait accepter 900 fr., et pris à sa charge la totalité des frais du procès ? Ne devait-il pas, au contraire, attaquer ma sentence arbitrale et faire tous ses efforts pour en obtenir la nullité ?

Mais non, cette marche, toute simple, toute naturelle, n'eût pas rempli le but que mes deux honorables confrères voulaient atteindre ; on voulait faire du bruit, du scandale, compromettre l'honneur, la réputation, atteindre la considération et la position d'un de leurs collègues, et ils ont fait ce qu'il fallait pour cela.

Quelle est donc la conclusion de tout ceci ?

C'est qu'au fond, M. Fisbacq reconnaissait bien qu'une grande partie des réclamations de Maxe était fondée ; que son décompte, accepté par Guilbert, approuvé par l'Administration préfectorale, ne pouvait être rectifié, mais que, par un moyen détourné, par exemple : en donnant à Maxe le conseil et en l'aidant à faire un appel à la bienveillance de l'Administration municipale, il pouvait obtenir cette indemnité de 963 fr. 65 ;

Que les circonstances amenées par le rejet de la réclamation de Maxe devaient faire désirer à M. Fisbacq un tout autre résultat que celui de mon arbitrage, car son amour-propre était en jeu, et en outre, il devait craindre que la somme due à cet ouvrier, en sus du chiffre fixé par le décompte, ne fût payée par Guilbert, « dont il représentait les « intérêts à double titre, » comme il me l'a écrit.

La dénonciation Antoine Chilot est relative à des travaux qui ont été exécutés à l'Asile de Saint-Dizier.

Permettez-moi, Monsieur le Préfet, de vous expliquer avec détails et pièces à l'appui, les faits de cette affaire.

En 1851 et 1852 , je fis exécuter un dortoir dont le devis s'élevait à 4,467 fr. 61 c. J'eus pour adjudicataire un nommé Victor ou Martin Chilot-Thariat, pour caution Antoine Chilot, son parent, et pour auxiliaire mon collègue Fisbacq, que des circonstances qu'il n'est pas utile de rapporter ici, mais qui se rattachent à l'époque où M. Amédée Bourdon, alors maire de Saint-Dizier, était membre de la commission de l'Asile, m'obligèrent à accepter, comme surveillant des travaux.

Malgré ce surcroît de surveillance, les fondations de cette petite construction, qui n'a pas plus de 4 mètres de hauteur, furent mal établies. D'après le devis, les fouilles devaient être poussées à une profondeur de 1^m 32, pour que les plate-formes en bois de hêtre pussent être baignées constamment par l'eau du canal qui passe à 2 mètres de là, et trouver par ce moyen les conditions d'une longue conservation.

Mais pour ne pas détruire un petit égout que l'on rencontra en fouillant, on ne creusa pas à plus de 40 centimètres, et le peu de maçonnerie qui recouvrait le dessus des plate-formes fut peu soigné.

En 1862, quelques désordres se firent remarquer sur deux des murs de cette construction. M. le directeur de l'Asile m'en prévint ; je m'y rendis le 27 février. En sa présence et devant l'entrepreneur, je crus reconnaître que le mal venait des fondations ; Chilot-Thariat fut de mon avis, et il promit verbalement de réparer le dommage.

Mais le 2 juin suivant, lorsqu'il fut invité à remplir sa promesse, il répondit par un refus, prétendant *qu'il s'était conformé au devis.*

Informé de cet incident par M. le directeur, je me rendis de nouveau à l'Asile. Je fis faire des fouilles et je pus constater, comme je l'ai indiqué dans mon rapport du 1er septembre 1862 :

1° Que les fondations n'avaient réellement que 45 centimètres de profondeur jusqu'au-dessous des plate-formes en charpente ;

2° Que le bois de ces plate-formes était d'une mauvaise nature et d'une qualité qui ne convenait pas à l'emploi auquel il était destiné ;

3° Que ces pièces de charpente n'étant pas suffisamment enfouies dans le sol pour y trouver l'humidité nécessaire à leur conservation, leur décomposition prématurée était le résultat de cette infraction au devis, aux règles de la construction et du bon sens.

Je terminai mon rapport, en priant M. le Préfet de prendre les mesures les plus promptes pour contraindre l'entrepreneur Victor Chilot et sa caution, Antoine Chilot, à réparer les vices et les malfaçons signalés.

C'est alors que la commission de surveillance se réunit et

que, par une délibération du 3 octobre, elle désigna un expert pour examiner ces travaux. M. Fisbacq fut nommé, et le 3 novembre il me donna avis que sa visite aurait lieu le mardi 11 suivant.

J'assistai à cette visite; je fis mes observations sur les fondations, et il fut décidé que l'expert ferait un rapport.

En effet, ce rapport fut rédigé à la date du 11 novembre et clos seulement le 3 décembre; l'expert évaluait la dépense des reconstructions à faire à 690 fr. 68 c., qu'il mit par portions égales à la charge de l'architecte et de l'entrepreneur, bien qu'il constatât « que si les fouilles eussent été » creusées à la profondeur indiquée au devis, les plate- » formes se seraient trouvées constamment baignées par les » eaux du canal qui se trouve à proximité, et seraient en- » core aujourd'hui dans un état parfait de conservation; au » lieu que, placées à 40 centimètres, le bois recevant toutes » les variations de la température et soumis à l'action de » l'air, s'était décomposé d'une manière complète. »

Les *étaiements* compris dans cette somme sont estimés *55 francs*.

Par une nouvelle délibération du 21 novembre suivant, la commission de surveillance proposa de saisir *immédia- tement* le conseil de préfecture d'une action contre l'entrepreneur, la caution et l'architecte, ayant pour objet d'obtenir la réparation des vices et des malfaçons en question.

Un mémoire fut présenté au conseil de préfecture, à la date du 27 du même mois, et un extrait fut signifié administrativement à chacun des intéressés.

Quatre jours après, je me rendis à Saint-Dizier avec l'intention de finir cette affaire, au prix même d'un sacrifice d'argent, bien que je ne connusse ni ne pressentisse le résultat du procès-verbal d'expertise qui n'était pas encore rédigé.

Je fis part de mes intentions à M. le Directeur, qui en informa M. le Préfet, et j'attendis fort tard l'arrivée de l'entrepreneur auquel j'avais écrit de se trouver à l'Asile pour nous concerter sur les travaux qu'il était nécessaire de faire, sur les mesures à prendre et les conditions à arrêter avant que de les commencer.

Cet entrepreneur ne vint pas, je l'envoyai chercher; il me fit répondre qu'il refusait absolument de faire le moindre travail; d'ailleurs, on m'assura que ce serait peine perdue de chercher à le contraindre, parce qu'il était insolvable.

Mécontent de la mauvaise foi de cet homme et du mauvais vouloir qu'il apportait dans cette circonstance; froissé du refus qu'il faisait de se réunir à moi pour terminer amiablement cette ennuyeuse affaire, j'allai trouver, quelques heures avant mon départ, Antoine Chilot, que je ne regardais pas seulement comme la *caution de l'entrepreneur*, mais encore *comme son associé*, comme l'ouvrier charpentier qui avait posé les plate-formes reconnues défectueuses; qui avait pris une part très active dans l'entreprise; car à une époque où je fus sur le point de provoquer la mise en régie des travaux, il m'écrivait, à la date du 19 juin 1852 : « J'ai, en qua-
» lité de caution, fait changer deux solives à l'entrepreneur,
» lesquelles ne paraissaient pas assez bonnes pour supporter
» le plancher du bas.

« J'ai tenu à la promesse que je vous ai faite, ainsi que
« vous le voyez, et si certaines choses ont traîné davantage
» que cela n'aurait dû traîner, cela est dû à certains frais qu'il
» aurait fallu faire pour me substituer à la place de Martin-
» Chilot; en tout cas, les travaux touchent à leur fin, et j'é-
» tais bien aise de vous en prévenir. »

Et le 11 août la caution m'écrivait encore ceci : « Sitôt
« que j'ai été de retour, j'ai été voir l'entrepreneur pour sa-
« voir combien il a encore de temps, et je m'en suis assuré
« moi-même ; je lui ai dit de prendre des ouvriers, afin que
« ce soit fini pour le 25 août ; je vous prierai de me faire ré-
« ponse, afin de savoir le jour que vous viendrez. »

Je fus donc le trouver, franchement, loyalement ; j'envoyai même chercher son fils aîné, qui vint aussitôt ; je leur
dis à tous deux que, mécontent de la conduite de l'entrepreneur et désespérant de voir cette affaire prendre fin amiablement, et avec son concours, j'étais décidé à laisser continuer
l'instance engagée devant le conseil de préfecture, que j'espérais bien trouver dans le fait de l'inexécution du devis, à
l'égard des fondations, un moyen de me défendre si toutefois ma responsabilité était engagée et que si, comme je
l'espérais, il intervenait un jugement défavorable pour l'entrepreneur, son insolvabilité en ferait retomber les conséquences sur la caution ;

Que, pour éviter ce procès, qui deviendrait dispendieux à
cause des frais d'une expertise qui serait infailliblement or-
donnée, il valait mieux dès aujourd'hui qu'il prit l'engagement de refaire les travaux défectueux, l'assurant que je
n'exigerais rien de plus que le nécessaire ; qu'on l'aiderait de
toutes les ressources que les malades de l'Asile pouvaient
offrir, et que, du reste, comme une grande partie du travail
pouvait être faite par ses mains, le sacrifice pécuniaire serait
moins grand.

Je ne fis pas de grands efforts pour décider Antoine Chilot ;
il consentit à prendre cet engagement, que j'écrivis chez lui ;
après l'avoir lu, son fils écrivit pour son père : *J'approuve
l'écriture ci-dessus*, et Antoine Chilot signa.

Je les prévins que si, à la préfecture, on exigeait un double sur timbre, je le lui enverrais ou lui remettrais à mon premier voyage, pour le signer.

Je le quittai; et comme l'heure du départ du train approchait, je ne pus retourner à l'Asile, qui est fort éloigné de la demeure de Chilot, et je rentrai à Chaumont, d'où j'adressai l'engagement en question avec la lettre suivante :

« Monsieur le Préfet,

« J'ai pris connaissance du mémoire que vous avez adressé au Conseil de Préfecture, relativement à des travaux qui présentent des vices et malfaçons, et qui ont été exécutés, en 1852, par les sieurs Chilot-Martin et Chilot (Antoine), entrepreneur et caution, et dont la réception définitive a été faite le 8 février 1854.

« Je me suis rendu aussitôt à Saint-Dizier pour me concerter avec eux; je n'ai pu voir l'entrepreneur qui, du reste, ne présente pas de garantie de solvabilité et ne manifeste aucun bon vouloir pour réparer les malfaçons en question; mais la caution, qui est solvable, a pris l'engagement écrit de faire les travaux, lorsqu'elle en sera requise.

« J'ai l'honneur de vous adresser cet engagement et de vous donner l'assurance que je veillerai à ce qu'il soit rempli lorsque la bonne saison permettra de travailler, sans gêner le service des aliénés. »

Ainsi que je l'avais prévu, M. le chef de division me demanda un autre engagement sur timbre. N'ayant rien qui m'appelât à Saint-Dizier et ne voulant pas faire le voyage exprès pour cela, j'écrivis à Chilot de venir ici pour signer cette pièce, et par un *post-scriptum* j'ajoutai, autant que je puis me rappeler, que je pourrais alors lui faire obtenir le paiement d'une somme d'environ 1,000 fr. qui lui était due depuis près de deux ans, et que le directeur de l'Asile lui retenait par mesure de précaution et à titre de garantie, jusqu'après l'achèvement des réparations en question.

Chilot vint avec sa femme, je leur lus l'engagement écrit sur papier timbré, qui diffère très-peu du premier, et il le signa sans aucune difficulté, bien qu'il n'ignorât pas que le rapport de l'expert Fisbacq, déposé à l'Asile depuis le 4 décembre, ne mettait à la charge de l'entrepreneur que la moitié de la dépense évaluée à 690 fr. 68, soit 345 fr. 34, non compris les honoraires de cet expert et une petite somme à valoir pour travaux imprévus. .

Le 16 avril, c'est-à-dire quatre mois après, Antoine Chilot fut invité à commencer son travail ; c'est alors qu'il m'adressa une lettre dont l'écriture, m'étant bien connue, ne me laissa aucun doute sur l'origine du conseil donné à cet ouvrier et de la voie dans laquelle on le faisait entrer.

En voici un extrait :

« Je vous ai signé, à Saint-Dizier, un écrit sur papier libre portant engagement, de ma part, de faire les *étaiements* nécessaires pour la reconstruction du dortoir des gâteux.

« Aujourd'hui, il m'est communiqué par la préfecture de la Haute-Marne, copie de l'écrit que vous m'avez fait signer à Chaumont, en remplacement du premier engagement.

« Pour me faire signer ce second écrit, vous m'avez dit qu'il était indispensable qu'il fût rédigé sur timbre et vous m'avez affirmé qu'il était en tous points semblable au premier.

« Je ne sais ni lire ni écrire, je ne sais que signer fort mal mon nom, vous m'avez donc trompé puisque l'écrit qui m'est représenté porte que je dois faire à mes frais, risques et périls, toute la reconstruction.

« En présence d'un tel abus, je vous préviens que si mon

premier engagement n'est pas rétabli dans les seuls termes de nos conventions, je déposerai une plainte, etc., etc. »

Dans ma réponse, je lui dis ceci :

« Les deux engagements que vous avez contractés avec connaissance de cause , l'un sur papier libre, l'autre sur papier timbré, ont été remis et sont encore à la Préfecture, au bureau de la 4ᵉ division.

« Vous pouvez en demander un extrait en vous adressant soit à M. le Préfet, soit à M. Simonnot, chef de cette division, qui s'empressera de vous l'adresser. »

Chilot ne me répondit pas, ses menaces ne furent pas suivies d'effet, et il ne commença pas les réparations.

L'affaire vint au Conseil de préfecture ; je donnai des conclusions motivées et basées sur les explications qui précèdent, et il fut condamné à exécuter les travaux en question.

J'ai dit, ailleurs, que les deux engagements étaient à peu près identiques ; je puis en donner la preuve en les transcrivant ici en entier.

La différence qui existe entre eux n'atténue ni ne change en rien leur importance, elle vient de ce que l'engagement sur timbre ayant été fait depuis le rapport de l'expert, M. le chef de division, que j'avais vu à ce sujet, me manifesta le désir qu'il fût fait mention de ce rapport dans cet engagement.

1° *Engagement écrit sur papier libre, avant la rédaction du rapport de l'expert.*

« Je soussigné, Antoine Chilot, maître charpentier à Saint-Dizier, caution du sieur Chilot-Thariat, maître menuisier audit lieu, entrepreneur du bâtiment des gâteux, à l'Asile de Saint-Dizier, dont l'adjudication a été tranchée à notre profit le 26 septembre 1851 et la réception définitive faite le 8 février 1854, déclare prendre l'engagement d'exécuter ou de faire exécuter *tous les travaux nécessaires pour consolider et pour réparer ledit bâtiment*, aussitôt que j'en serai requis par M. l'architecte du département, conformément aux termes de la signification qui m'a été faite par M. le Préfet de la Haute-Marne, le 27 novembre présent mois, par le ministère de Robert, huissier audit lieu, sous la réserve de tous mes droits à exercer contre ledit sieur Chilot-Thariat, principal entrepreneur.

« A Saint-Dizier, le 30 novembre 1862.

« J'approuve l'écriture ci-dessus.

« CHILOT. »

C'est par erreur que cette pièce porte la date du 30 novembre, c'est bien le lundi 1er décembre que je me suis rendu à Saint-Dizier.

1° *Engagement sur timbre après le rapport de l'expert.*

« Je soussigné, Antoine Chilot, maître charpentier, demeurant à Saint-Dizier, agissant à défaut et comme caution du sieur Chilot-Thariat, menuisier audit lieu, entrepreneur des travaux exécutés au quartier des gâteux, à l'Asile de Saint-Dizier, par suite d'une adjudication tranchée à son profit le 6 septembre 1851, et reçus définitivement le 8 février 1854, et pour obéir à la sommation qui m'a été faite, à la requête de M. le Préfet de la Haute-Marne, m'engage à exé-

cuter ou à faire exécuter à mes frais, risques et périls, *tous
les travaux nécessaires pour consolider et réparer les-
dites constructions*, conformément aux instructions, devis
et indications de M. Fisbacq, architecte de la ville de Saint-
Dizier, expert désigné par la commission de surveillance de
l'Asile, sous la réserve de pouvoir exercer mes recours contre
ledit sieur Chilot-Thariat.

« Je prends l'engagement de commencer ces travaux aussitôt que le temps permettra de le faire, sans gêner le service des malades, et de les continuer sans interruption. »

On voit par ces deux pièces qu'il ne s'agissait pas le moins
du monde d'une question d'étaiement ; que ce mot n'est
même pas prononcé et que dans l'une comme dans l'autre
il est bien dit : « *Tous les travaux nécessaires pour consolider et réparer*. »

Et en effet, pouvait-il en être autrement ? Mais cette prétention bien tardive de Chilot ne peut supporter le moindre
examen et n'a pas le moindre sens commun ; à quoi m'aurait-
il donc servi de demander un engagement pour faire des
étaiements d'une valeur qui ne dépassait pas 55 francs ?

Avais-je besoin de cet engagement, quand je savais que la
caution était mise en cause, qu'elle était bonne et solvable
et que, s'il intervenait plus tard des condamnations contre
l'entrepreneur, ce serait la caution qui en subirait les conséquences ?

Et dans le cas où j'eusse accepté le rapport de l'expert,
n'étais-je pas assuré à l'avance qu'Antoine Chilot serait obligé
de supporter la portion de la dépense qui incomberait à l'entrepreneur ?

Il ne pouvait donc être question, entre nous, de l'étaiement, pas plus que de la moitié de la dépense à faire, puis-

que nous ne connaissions alors ni l'un ni l'autre, le rapport de l'expert, qui n'était pas encore rédigé.

Il ne pouvait donc être question que de l'engagement de refaire la totalité des travaux exigés par le mauvais état du bâtiment, et c'est ce qui a eu lieu.

Je crois, Monsieur le Préfet, avoir surabondamment démontré et prouvé que, dans cette affaire, comme dans la précédente, tout s'est passé à découvert, et que mon honnêteté ni ma loyauté ne peuvent être mises en doute.

Il me reste encore ce fait à expliquer :

Autant que je puis me le rappeler, la dénonciation faite pour le compte d'Antoine Chilot semble m'accuser d'avoir pesé sur lui pour le déterminer à venir à Chaumont signer l'engagement sur timbre, en lui faisant espérer que, une fois cette formalité accomplie, il pourrait être payé de la somme que M. le directeur de l'Asile lui retenait.

Et bien, Monsieur le Préfet, en lui parlant de cette somme dans mon invitation de venir à Chaumont, je ne faisais que répondre à une lettre qu'il venait de m'écrire, et dans laquelle il me disait :

« Vous m'avez promis qu'aussitôt votre retour à Chaumont, vous me renverriez le double sur timbre de ce qui a été convenu entre nous, lors de votre dernier voyage à Saint-Dizier ; je suis toujours, en attendant, le même.

« Je vous prie de vouloir bien me l'envoyer par le retour du courrier, parce que je crois qui retient mon argent parce qui ne sait pas (le directeur de l'Asile) si j'ai fait des convenances avec vous pour *refaire les travaux.* »

Tous ces faits se sont passés en 1862, c'est-à-dire à une époque bien antérieure à la création de la Société des Architectes. J'ai donc dû trouver plus qu'étrange que les membres de cette Société aient accueilli une dénonciation contre un des leurs, faite à point et très certainement avec intention de donner plus de consistance, plus de force à la dénonciation Guilbert, patronnée, comme la précédente, par les mêmes personnes.

Et c'est avec justice et bon droit que j'ai déclaré, dans les explications que j'ai données au président de la Société, pour être lues dans la réunion du 16 février, que la Société ne pouvait s'arrêter à cette dénonciation, parce que le règlement ne contenait pas de disposition autorisant ses membres à prendre en considération et à se prononcer en bien ou en mal sur des faits antérieurs à sa création.

Mes collègues en ont décidé autrement, puisque c'est précisément sur cette dénonciation que mon exclusion a été prononcée, en se fondant sur l'article 39, qui est ainsi conçu :

« Il y a lieu à exclusion, en cas d'infraction *dûment cons-* » *tatée*, aux règles de conduite qui doivent être observées » entre confrères ou envers des tiers. »

Et de quelle façon la Société a-t-elle procédé pour m'exclure, dans cette réunion du 16 février ?

Permettez-moi, Monsieur le Préfet, de vous le dire en terminant ce mémoire.

Dans la réunion extraordinaire du 2 février, où personne, moins que moi, ne connaissait assurément les causes qui l'avaient provoquée, et après qu'un vote assura l'ajournement au 16 suivant, il fut dit, convenu et bien entendu, avant de se séparer, que les « quatre intéressés dans la question, » c'est-à-dire MM. Fisbacq, Collin, mon fils et moi, s'abstiendraient de venir à cette réunion, et que si on avait des documents à produire, des explications à fournir, on les transmettrait sous forme de mémoire.

Mon fils et moi, nous nous conformâmes rigoureusement
à cette décision ; je rédigeai un mémoire contenant toutes
les explications que je pouvais donner sur l'arbitrage Guil-
berrt sans trop me préoccuper de l'affaire de Chilot, parce
que je la considérais comme tout-à-fait secondaire, et que,
d'ailleurs, je persistais à croire que la Société ne devait pas
et ne pouvait pas s'occuper en quoi que ce soit (si ce n'é-
tait pour rejeter cette dénonciation) de faits antérieurs à sa
création, et qu'aucun des articles du règlement ne prévoyait.

Mes deux adversaires firent-ils comme moi ? Non ; ils vin-
rent à la réunion, dès la veille, m'a-t-on dit ; ils furent ac-
cueillis ; ils prirent part aux discussions, entendirent la lecture de mes explications et purent les discuter, sans que je
fusse là pour les soutenir, et pas un membre ne comprit
qu'il se passait là un fait anormal, qu'il n'y avait pas parité
de situation, et personne n'eut la pensée bienveillante, géné-
reuse, de m'envoyer dire que ma présence pouvait être utile
à mes intérêts.

Aussi il arriva que la dénonciation Chilot eut la priorité
sur celle de Guilbert, qui fut alors abandonnée, et que mon
exclusion fut mise aux voix et prononcée par tous les membres présents, excepté toutefois MM. Fisbacq et Collin, qui
s'abstinrent de voter.

J'étais si éloigné de soupçonner la présence de ces deux
collègues à la réunion du 16 février, que le lendemain, lorsque M. Grappotte, secrétaire de la Société, me remit une
lettre m'annonçant le résultat de ce vote, et me dit : « Sur
dix membres présents, huit votèrent et deux s'abstinrent, »
j'attribuai les deux abstentions à lui, tout d'abord, et au président qui avait apporté, dans la discussion précédente, une

grande réserve et une modération que j'avais été heureux de constater.

Ce n'est que quinze jours après que, réclamant à M. Delaveuve un extrait de la délibération, j'appris de lui que MM. Fisbacq et Collin s'étaient trouvés à la réunion du 16 février.

Telle est, Monsieur le Préfet, *toute la vérité* sur cette affaire.

Il en ressort clairement que j'ai été indignement calomnié;

Que, si chez la plupart de mes collègues on a accepté une accusation avec autant de légèreté que de bonne foi, on a été heureux de saisir cette occasion pour m'exclure d'une Association qui est mon œuvre, et me faire payer cher et d'un seul coup, certains petits froissements d'amour-propre et les mesquines rancunes qu'avaient fait éclore mes fonctions d'architecte départemental;

Que, contrairement à ce qui se pratique dans toutes les sociétés, j'ai été condamné sans avoir été entendu, sans que les chefs d'accusation m'aient été communiqués; sur un fait que la Société n'est point apte à connaître et en donnant un effet rétroactif à l'article du règlement dont on a eu la prétention de me faire l'application ;

Que cette mesure, évidemment dictée par la malveillance, tendait à ébranler l'estime dont vous m'avez honoré et à m'atteindre ainsi dans ce que j'ai de plus précieux.

J'ose espérer que mes craintes ne sont pas fondées et que je puis encore compter, malgré ces dénonciations et les conséquences qu'elles ont amenées, sur toute votre bienveillance et toute estime, comme survotre tous les témoignages d'affection de mes amis et de toutes les personnes qui m'ont soutenu et encouragé dans ces circonstances.

Veuillez, Monsieur le Préfet, agréer la nouvelle assurance de mes sentiments très respectueux.

L'Architecte du département,

DESCAVES.

Chaumont, le 23 mars 1868.

Chaumont, Imprimerie de veuve Miot-Dadant.